Der Arena LeseStier
Sachgeschichten für Erstleser

Freya Stephan-Kühn,
geboren 1943, studierte Latein und Geschichte.
Sie promovierte mit einer Dissertation über ein Thema aus der
mittelalterlichen Geschichte. Die Leiterin eines Krefelder Gymnasiums
lebt heute in Mönchengladbach. Neben wissenschaftlichen
Veröffentlichungen hat sie sich mit Arena-Büchern wie
»Was in den Höhlen begann . . .«, den Titeln aus der
»Viel Spaß!«-Reihe und als Herausgeberin der
Arena-Kinderbuch-Klassiker einen Namen gemacht.

Hauke Kock,
Jahrgang 1965, studierte Kommunikations-Design.
Seit 1991 arbeitet er als freischaffender Illustrator.
Für verschiedene Verlage stattete er vor allem
Kinder- und Jugendsachbücher aus. Nebenher beschäftigt
er sich mit freier Malerei und Photographie.

Freya Stephan-Kühn

Das will ich wissen
Die Ritter

Mit Bildern von
Hauke Kock

Die Deutsche Bibliothek – CIP-Einheitsaufnahme

Das will ich wissen – Die Ritter / Freya Stephan-Kühn.
Mit Bildern von Hauke Kock.
- 3. Aufl. - Würzburg: Arena, 1995
(Der Arena LeseStier: Sachgeschichten für Erstleser)
ISBN 3-401-04541-5
NE: Stephan-Kühn, Freya; Kock, Hauke; Die Ritter

3. Auflage 1995
© Arena-Verlag GmbH, Würzburg
Alle Rechte vorbehalten
Einband und Innenillustrationen: Hauke Kock
Reihengestaltung: Karl Müller-Bussdorf
Gesamtherstellung: Westermann Druck Zwickau GmbH
ISBN 3-401-04541-5

Inhalt

Früh übt sich

Der Reisewagen rumpelt
über den schlechten Weg.
»Ich will raus und reiten«, bettelt Karl.
Draußen reitet sein Vater,
Ritter Kuno von Falkenstein.
Er trägt die Ritterrüstung
und sitzt auf einem prächtigen Pferd.
Karl aber sitzt in dem Wagen.
Nur weil seine Mutter
und seine Schwester Ute
Gesellschaft brauchen.

»Ich bin doch schon acht
und fast ein Ritter«, sagt er.

»Na, das wird Onkel Rudolf
etwas anders sehen«, meint seine Mutter.
Sie sind nämlich unterwegs
nach Burg Wildenfels.
Hier soll Karl in die Ritterlehre gehen,
als Page und später als Knappe.

»Ich will reiten«, wiederholt Karl.

»Schluß damit —«

Weiter kommt seine Mutter nicht.

Der Wagen hält plötzlich an.

Alle purzeln übereinander.

»Unverschämtheit«, ruft Ritter Kuno.
»Wer wagt es, uns die Zugbrücke
vor der Nase hochzuziehen?«
Jetzt senkt sich die Brücke
langsam und knarrend.
Lautes Lachen ertönt vom Burghof.
»Ich mußte doch prüfen,
ob du in friedlicher Absicht kommst«,
ruft Ritter Rudolf.
Nun lacht auch Ritter Kuno.

8

Die Burgherrin, Anna von Wildenfels,
wartet schon.
»Du bist also Karl«, sagt sie freundlich,
»Du willst für die nächsten Jahre
mein gehorsamer Schüler sein?«

Karl findet Tante Anna sehr nett.
Er will ihr aber gleich zeigen,
mit wem sie es zu tun hat.

»Damit du es nur weißt«, sagt er,
»ich werde Ritter,
und von Frauen lasse ich mir
nichts sagen.«

Karls Mutter wird bleich.
Sein Vater läuft rot an.
Ute tritt ihm auf die Zehen.

Anna von Wildenfels hat Mühe,
nicht zu lachen.
»Damit du es nur weißt«,
sagt sie ernst,
»noch bist du kein Ritter!
Den Rest des Tages machst du dich
in der Küche nützlich.«

Da hilft kein flehender Blick.
Schmollend geht Karl hinunter
und verrichtet Küchendienste.

Am Abend schleicht er sich heimlich
in den Rittersaal hinauf.
Ein berühmter Sänger
ist zu Gast auf der Burg.
Er trägt gerade
sein neuestes Werk vor
über einen Helden
namens Parzival.

Karl versteckt sich hinter einem Vorhang.
Niemand bemerkt ihn.

Jetzt erzählt der Sänger davon,
wie der junge Parzival
zum erstenmal einen Ritter
im Kettenpanzer sieht und sagt:
»Ei, Ritter, du hast so viele Fingerringe
auf deinen Leib gebunden.
Bei uns tragen nur die Mädchen Ringlein,
aber die sind nicht ineinander gehakt.«

Ein Kettenpanzer aus Fingerringen,
das ist zu komisch!
Karl muß laut lachen.
Er wird natürlich entdeckt.

Tante Anna will ihn wieder wegschicken.
Aber Onkel Rudolf meint:
»Aus der Geschichte kann er lernen,
wie ein richtiger Ritter
sich Frauen gegenüber benimmt.«

Karl darf im Rittersaal bleiben.
Er hört, wie aus Parzival
ein edler Ritter wird.
Onkel Rudolf behält recht.
Karl soll sogar einer
der besten Knappen
auf Burg Wildenfels werden.

❶ Burghof. Wenn man Wasser brauchte, mußte man es in Eimern vom Brunnen oder der Zisterne holen.

❷ Burggarten

❸ Wohnhaus für die Burgmannen, das sind die bewaffneten Krieger, die die Burg verteidigen.

❹ Bergfried, der höchste Turm der Burg. Bei anderen Burgen liegt er oft in der Mitte und ist nur mit Leitern zugänglich.

❺ Palas (Herrenhaus) mit Rittersaal und beheizbarer Kemenate, im Untergeschoß die Burgküche.

❻ Burgkapelle

❼ Torburg

❽ Vorburg mit Ställen und Wirtschaftsräumen

❾ Ringmauer mit Wehrtürmen

❿ Burgtor mit Zugbrücke und Fallgitter

Was ein Ritter lernte

Die große Zeit der Ritter
liegt sehr lange zurück,
ungefähr 800 Jahre.
Heute bezeichnen wir diese Zeit
als das Mittelalter.
Die alten Römer hatte man damals
schon fast vergessen.
Aber bis zur Entdeckung Amerikas
sollte es noch viele Jahre dauern.

Nur wer vornehme Eltern hatte,
konnte ein Ritter werden.
Schon im Alter von sieben Jahren
mußte ein Junge dann fort von zu Hause.
Er trat als Page in den Dienst
eines anderen Ritters.
Die Burgherrin kümmerte sich darum,
daß er höflich wurde.
Denn ein Page mußte wissen,
wie man sich bei Hof benahm.
Ein Ritter schmatzte nicht beim Essen

und betrank sich nicht.
Er ging in den Gottesdienst.
Er schützte Witwen und Waisen
und war freundlich zu allen Menschen,
die ihm begegneten.
Ein Ritter konnte ein Instrument spielen,
und er übte sich im Schachspiel.

Nach sechs oder sieben Jahren
wurde der Page zum Knappen.
Jetzt lernte er Laufen und Reiten,
Schwimmen und Klettern,
Fechten und Speerwerfen.
Der Knappe ging mit dem Ritter
auf die Jagd und auf Turniere.
Dann, mit ungefähr achtzehn Jahren,
erhielt er selbst das Ritterschwert.
Er wurde zum Ritter geschlagen.

Die Ritterrüstung

Im Kampf trug der Ritter seine Rüstung.
Der Kettenpanzer schützte ihn
von der Kapuze
bis zu den Zehenspitzen.
Er bestand aus eisernen Ringen,
die ineinander geschmiedet waren.
Der Ritter hatte schwer zu tragen
an seiner Rüstung.

Unter den Panzer zog er
wollene Unterwäsche an,
über ihm trug er den Waffenrock.
Mit einem eisernen Helm
schützte der Ritter den Kopf,
mit dem Schild deckte er den Körper.
Auf Schild und Waffenrock war weithin
das Wappen des Ritters zu sehen.
Wie sollte man die Ritter in ihrer Rüstung
auch sonst unterscheiden?

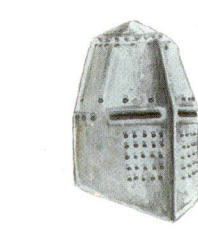

In der Schlacht kämpften die Ritter
Mann gegen Mann.

Mit Lanze, Schwert und Streitaxt
und dem schrecklichen Morgenstern
gingen sie aufeinander los.
Oder sie verschossen Pfeile
mit der Armbrust.

So kämpften die Ritter

Wenn der König sie rief
oder ein anderer hoher Herr,
zogen die Ritter mit ihm in den Krieg.
Ein Ritterheer sorgte überall
für Furcht und Schrecken.

Im Kampf benahmen sich die Ritter
oft wenig ritterlich.
Im Jahr 1099 eroberten sie
die Stadt Jerusalem.
Dabei erdolchten sie auch
Frauen und Kinder
oder stürzten sie von Hausdächern.
Das überlieferte uns ein Augenzeuge.
In Schlachten zwischen Ritterheeren
floß auch sonst sehr viel Blut.
Unzählige Menschen und Pferde
haben dabei ihr Leben gelassen.

Kreuzritter
von 1099

Kreuzritter um 1260

Anständiger ging es bei Turnieren zu.
Viele vornehme Damen und Herren
kamen hierzu als Zuschauer.
Die Ritter, die zum Turnier antraten,
putzten sich und ihre Pferde
prächtig heraus.
Oft erklärten sie vor dem Wettkampf,
für welche Dame sie kämpfen wollten.

Dann traten zwei Ritter gegeneinander an.
Diesen Zweikampf nannte man Tjost.
Mit ihrer Lanze versuchten die Ritter,
ihren Gegner vom Pferd zu stoßen.
Manchmal zersplitterten dabei
die über drei Meter langen Lanzen
am Schild des Gegners.
Dann reichte der Knappe
seinem Ritter eine neue Lanze.
Ein neuer Tjost begann.

Turnier-
lanze

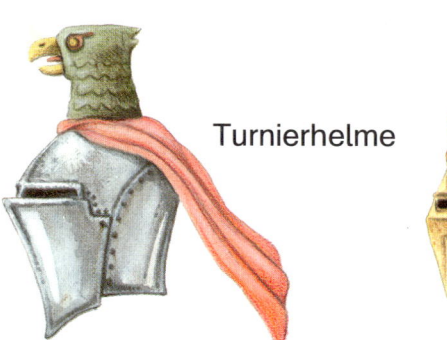

Turnierhelme

Bei vielen Turnieren bildeten
die Ritter Mannschaften.
Die Gruppen kämpften gegeneinander.
Das sah aus wie ein sportlicher Wettkampf.
Es war aber sehr gefährlich.

Beulen und Schrammen waren üblich.
Mancher Ritter verlor sein Leben
oder wurde schwer verwundet.
Aber der Ruhm,
der bei einem Turnier zu gewinnen war,
reizte die Ritter immer wieder.

Die Ritterburg

Die Ritter wohnten auf Burgen.
Keine Burg war wie die andere.
Die meisten lagen auf einem Berg,
andere auf einer Insel im Wasser.
Aber alle schützten den Burgherrn
und seine Leute vor Angriffen.
Außerdem war von weitem zu sehen,
wer der Herr im Lande war.

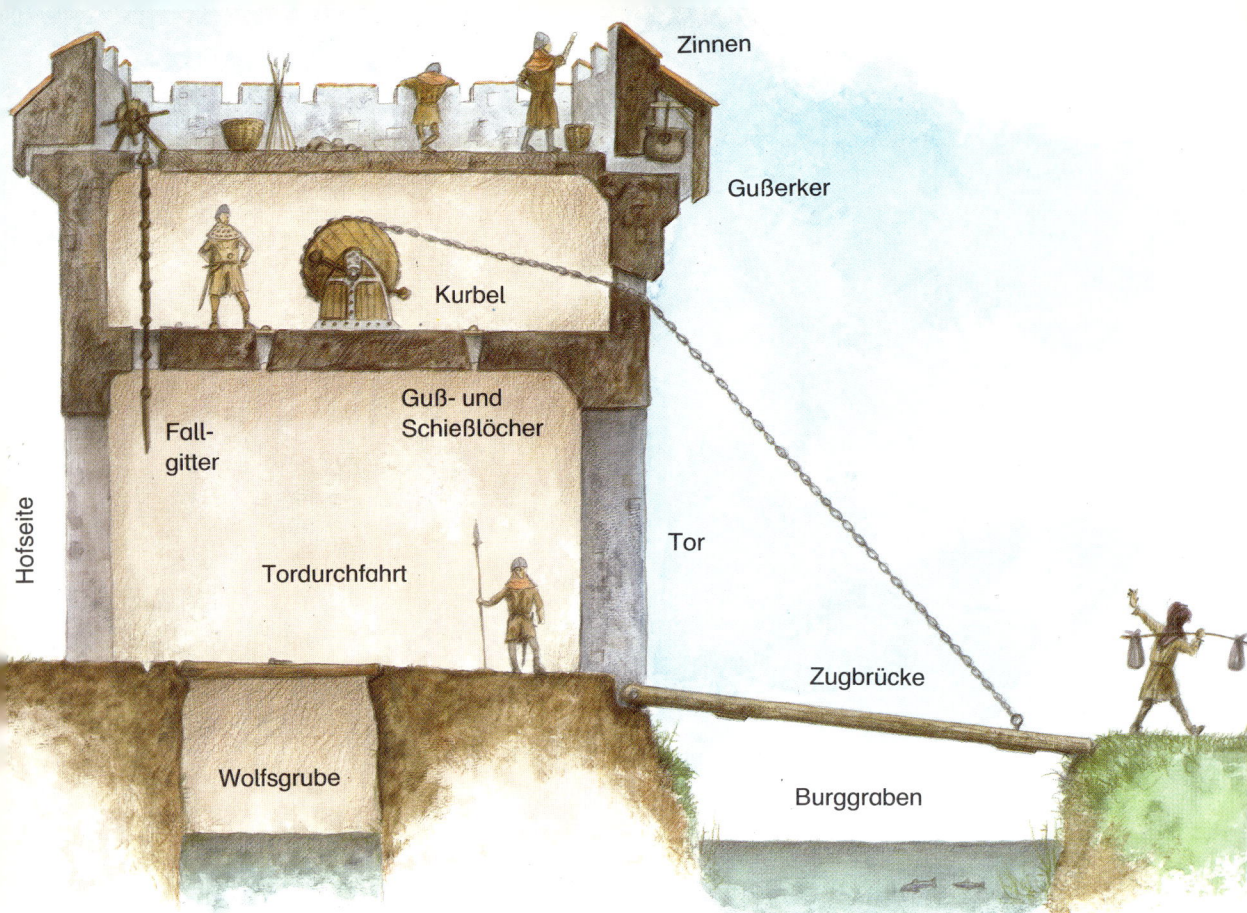

Zinnen

Gußerker

Kurbel

Guß- und
Schießlöcher

Fall-
gitter

Hofseite

Tor

Tordurchfahrt

Zugbrücke

Wolfsgrube

Burggraben

Ein Wassergraben umgab
viele Burgen.
Den konnte man nur überqueren,
wenn die Zugbrücke herabgelassen war.
Dann stand man vor der Burgmauer.
Sie hatte hohe Wehrtürme
und zahnförmige Zinnen.
Sie schützten die Verteidiger der Burg.
Durch die Lücken zwischen den Zinnen
schleuderten sie ihre Speere.

30

Wenn sich Feinde näherten,
zog man die Zugbrücke hoch.
Ein schweres Eisengatter sicherte
den Tordurchgang zusätzlich.
Wer dennoch hineingelangte,
kam in den Zwinger,
einen engen Hof.
Hier schleuderten die Verteidiger
Steine, glühendes Pech und anderes
auf die Köpfe der Angreifer hinab.

Wenn Feinde ins Innere vordrangen,
zogen sich der Burgherr und seine Leute
in den Bergfried zurück.
Das war der hohe Turm
in der Mitte vieler Burgen.

Auf der Burg lebten und arbeiteten
Schmiede und Schreiner,
Bäcker, Köche und Gärtner.
Der Pfarrer las die Messe
in der Burgkapelle.
Es gab Gärten und Viehställe,
Vorratsräume und Werkstätten.
Und natürlich Wohnungen
für die Knechte und Mägde.
Das prächtigste Gebäude auf einer Burg
war der Palas.
Hier wohnten der Ritter und seine Familie.

Geistlicher   Schmied   Stallknecht

Auf dem Burghof

Auf der Burg ging es lebhaft zu.
Im Burghof lieferten die Bauern
Getreide, Heu und Eier,
Honig, Wolle und vieles andere ab.
Das taten sie nicht immer freiwillig.
Aber der Burgherr war nicht zimperlich.
Denn ihm gehörte das Land,
das die Bauern bearbeiteten.
Dafür mußten sie Abgaben leisten.

Außerdem beschützte der Burgherr
die Bauern bei Gefahr.
Sie brachten sich auf der Burg in Sicherheit,
wenn Feinde heranzogen.

Reisende Kaufleute boten
ihre Waren im Burghof an.
Sie brachten kostbaren Zucker,
Schmuck und wertvolle Stoffe,
Gewürze aus fernen Ländern.

Fahrende Spielleute und Gaukler
zeigten hier ihr Programm.
Sie jonglierten mit Bällen
und balancierten auf dem Seil.
Sie machten Späße
und spielten zum Tanz auf.
Oder sie führten
einen dressierten Bären vor.
Es war fast wie heute im Zirkus.

Gerne nahm der Burgherr
die fahrenden Sänger auf.
Sie kamen weit in der Welt herum.
Sie spielten im Palas zum Tanz auf
und erzählten Geschichten und Sagen.
Oft trugen sie eigene Gedichte vor.
Viele davon handelten von der Minne.
So nannte man damals »die Liebe«,
und die Dichter hießen Minnesänger.

Leben auf der Burg

Die Minnesänger schwärmen
in ihren Gedichten
vom herrlichen Leben auf den Burgen.
Die Wirklichkeit sah anders aus.
Das Leben auf der Burg war ungemütlich
und manchmal auch gefährlich.

Viele Ritter waren so arm,
daß ihre Burgen verfielen.
Die Dächer waren undicht.

Steine bröckelten aus den Mauern.
Es regnete herein,
und der Wind pfiff durch die Räume.
Es gab keine Wasserleitungen
und natürlich keine Klospülung.
Der Geruch auf vielen Burgen
war nicht sehr angenehm.

Im Winter war es ziemlich kalt.
Die kleinen Fenster
hatten keine Glasscheiben,
sondern nur Fensterläden.
In den Räumen war es fast dunkel.

Die Einrichtung war kärglich.
Sie bestand aus dem Bett
und ein paar Truhen.
Sonst gab es kaum Möbel.

Die Burgfrauen

Nur wenige Räume ließen sich heizen.
Wegen des Kamins,
in dem das Feuer loderte,
nannte man diese Zimmer Kemenaten.

Sie waren für die Frauen bestimmt.
Das war auch gut so.
Denn mit kalten Fingern
konnten sie kein Garn spinnen,
keine Tuche weben
und keine Kleider nähen.

Wenn man den Rittersagen glaubt,
dann hatte eine vornehme Dame
nicht viel zu tun.
Sie mußte ihren Ritter
bewundern und verwöhnen.

In Wirklichkeit hatte die Burgherrin
eine Menge wichtiger Aufgaben.
Sie erzog die Kinder.
Sie überwachte die Hausarbeit
und überprüfte die Vorräte.
Viele Burgfrauen konnten
lesen und schreiben.
Nicht jeder Ritter hatte das gelernt.

Vom Essen und Trinken

Der Speiseplan war einfach.
Es gab sehr viele Fastentage.
Da kam kein Fleisch auf den Tisch,
sondern nur Ei und Fisch, Gemüse und Brot.

Viele Nahrungsmittel wurden
getrocknet oder kräftig gesalzen.
So waren sie länger haltbar,
bis in den Winter.
Aber geschmeckt haben sie
dann nicht mehr.

Darum wurden in der Ritterzeit
fast alle Speisen kräftig gewürzt.
Wer es sich leisten konnte,
gab viel Geld aus.
Für Pfeffer, Ingwer, Safran
und andere Gewürze aus fernen Ländern.
Zu trinken gab es meist Wasser.
Nur bei Feiern und Festen
wurde Wein oder Bier ausgeschenkt.

Dann nahmen die Gäste
auf Bänken an der Wand Platz.

Knechte trugen Tischplatten herein
und legten sie auf hölzerne Böcke.
Bald bog sich die Tafel
unter dampfenden Schüsseln,
Platten von Wildbret und Hühnchen,
von Lachs und prallen Würsten,
von erlesenen Gemüsen
und Bergen bunter Süßspeisen.

Gabeln und Teller gab es nicht.
Jeder langte mit einem Stück Brot
oder einem Löffel in die Schüsseln.
Dann ließ der Burgherr die Tafel
aufheben und hinausbringen.
Jetzt wurde getanzt und gesungen,
erzählt und gespielt.

Die Mode

In der Ritterzeit war es wie heute:
Man unterhielt sich gerne über Mode.
Die vornehmen Damen und Herren
bewunderten sich gegenseitig.
Es gab buntleuchtende Kleidung
aus Pelz, Seide und Samt.

Auch Männer folgten der Mode.
Sie trugen Schnabelschuhe
und hautenge Strumpfhosen,
bunte Jacken mit Puffärmeln,
prächtige weite Umhänge
und ganz verrückte Hüte.

Das ist auf Bildern
aus der Ritterzeit zu sehen.
Da muß man schon genau hinsehen.
Sonst erkennt man nicht,
ob es sich um einen Ritter
oder um seine Frau handelt.

Bequem war diese Kleidung kaum.
Im Alltag und bei der Arbeit
haben die Burgbewohner sicherlich
eine einfachere Kleidung getragen.

Die Ritter und wir

War das Ritterleben glanzvoll?
Waren alle Ritter reich und edel?
Die bunten Bilder des Mittelalters
zeigen nicht immer das wahre Bild.
Die Dichter und die Maler
beschreiben lieber ein Turnier
als die Grausamkeit des Kampfes.
Darum halten wir die Ritterzeit
für romantisch.
Aber sie hatte viele dunkle Seiten.
In der Ritterzeit,
wie sie wirklich war,
würde jetzt niemand leben wollen.
Trotzdem können uns die Ritter
noch heute ein Vorbild sein.
Denn wer ritterlich ist,
tritt gegen das Unrecht
und für die Schwachen ein.

Das Turnierspiel

Schon vor über 100 Jahren spielten Kinder das Turnierspiel.

Jeder Spieler setzt aus seinem Vorrat 24 Spielmarken (oder Nüsse, Pfennigstücke, Schokolinsen oder etwas ähnliches) in die gemeinschaftliche Kasse. Werft reihum mit zwei Würfeln und sucht das entstandene Bild auf dem Spielbogen. Je nachdem, was dieses Feld besagt, muß man in die Kasse einzahlen oder erhält etwas ausbezahlt.

Wer als erster zwei Sechsen würfelt, gewinnt das Spiel und alles, was noch in der Kasse ist. Wenn die Kasse leer ist, ehe jemand zwei Sechsen geworfen hat, gibt jeder Mitspieler noch einmal 12 Marken in die Kasse.

Das Turnierspiel

Pferd: nimm nichts.

Armbrust: gib 1.

Keule: nimm 6.

Totenkopf: nimm 12.

Dolch: gib 10.

Rüstung: nimm 14.

Zauberring: nimm 3.

Schwert: gib 5.

Handschuh: nimm nichts.

Humpen: gib 7.

Stundenuhr: nimm 9.

Streitaxt: nimm 15.

Trompete: gib 2.

Lanze: nimm 13.

Krone: gib 11.

Drache: gib 14.

Friedenszweig: gib 6.

Schild: nimm 7.

Reichsapfel: gib 9.

Kranz: gib nichts.

Die wichtigsten Wörter